¡Cuidado!
Niños trabajando

por Sharon Franklin

Scott Foresman
is an imprint of

Glenview, Illinois • Boston, Massachusetts • Chandler, Arizona
Upper Saddle River, New Jersey

Photographs

Every effort has been made to secure permission and provide appropriate credit for photographic material. The publisher deeply regrets any omission and pledges to correct errors called to its attention in subsequent editions.

Unless otherwise acknowledged, all photographs are the property of Pearson Education.

Photo locators denoted as follows: Top (T), Center (C), Bottom (B), Left (L), Right (R), Background (Bkgd)

Cover: ©Everett Collection Inc/Alamy; **1** ©Everett Collection Inc/Alamy; **3** ©Brand X Pictures; **4** ©PhotoAlto; **5** ©Library of Congress; **7** (T, B) ©The Protected Art Archive/Alamy; **8** ©Library of Congress; **9** ©Library of Congress; **11** (T) ©Library of Congress, (B) ©Everett Collection Inc/Alamy; **12** ©Everett Collection Inc/Alamy; **13** ©Library of Congress; **15** ©Library of Congress; **16** ©Library of Congress; **17** ©Courtesy: CSU Archives/Everett Collection Inc/Alamy; **19** (T) ©Library of Congress, (B) ©National Archives; **20** ©David King/DK Images; **21** ©Brand X Pictures; **22** (TL) ©Library of Congress; (TR) ©1984 Harry N. Abrams, Inc., NY. Photo by Lewis Hine/National Archives, (BL) ©Everett Collection Inc/Alamy; (BR) ©Brand X Pictures

ISBN 13: 978-0-328-52833-2
ISBN 10:   0-328-52833-1

3   16

¿Qué responsabilidades tienes en casa? Tal vez tengas que alimentar al perro y limpiar tu habitación. Tal vez tengas que lavar los platos o sacar la basura. ¿Crees que es injusto que tengas que hacer tanto trabajo?

Lo creas o no, las tareas que tú y otros jóvenes de hoy hacen no son nada en comparación con el duro y peligroso trabajo que hacían muchos niños hace menos de cien años. Mira la fotografía de la página 5.

¿Qué tareas domésticas haces?

Afuera está oscuro, como es de esperar que sea a las 3 A.M., cuando la mayoría de la gente está durmiendo. Pero Nellie, de siete años de edad, delgada, con el pelo desaliñado y tristes ojos verdes, espera en el muelle, como ha hecho todas las noches durante casi un año. Está esperando que los barcos de ostras bajen su carga. Cerca del muelle, en la escasa luz, hay una pila enorme de conchas de ostras. Nellie se apresura a tomar su lugar para abrir las ostras. Más tarde, durante el día, pelará camarones.

Nellie utiliza sus pequeñas manos y un cuchillo afilado, que hace la palanca que abre las conchas, y deja caer la carne en un balde. Cuando éste está lleno, Nellie lo lleva afuera para que lo pesen. Generalmente llena uno o dos baldes cada día.

Las conchas de ostras son cortantes para sus pequeños dedos, pero los camarones son aún peores. Cuando están pelados, exudan un ácido que carcome y produce hoyos en los zapatos e incluso en el balde de estaño de Nellie. Muchos niños, incluida Nellie, tienen los dedos hinchados con heridas que sangran. Nellie, y muchos otros niños como ella, se levantan para hacer este trabajo que dura de diez a doce horas; a veces trabajan hasta la medianoche. Recién entrada la tarde podrán descansar un breve rato. Ganan menos de cincuenta centavos de dólar al día.

Abrir ostras es un trabajo duro para dedos pequeños.

Comienzos del trabajo infantil

Desde la antigüedad, muchos niños han trabajado con sus familias contribuyendo con su parte en tanto miembros de ella. La práctica del **trabajo infantil**, sin embargo, es diferente. El trabajo infantil, y a menudo el maltrato de los niños en un lugar de trabajo, sólo beneficia a los empleadores. Comenzó en Europa en el siglo XVIII con la producción de hierro y la utilización del carbón para alimentar las máquinas. Las nuevas sociedades industriales utilizaron el trabajo infantil.

La sociedad fue cambiando en los Estados Unidos, donde se construyeron muchas fábricas en el siglo XIX. Los niños eran a menudo obligados a trabajar junto a sus padres en las fábricas o minas para que les alcanzara el dinero para vivir.

Las grandes fábricas se llenaron de máquinas que elaboraban los productos que alguna vez fueron hechos a mano por trabajadores en pequeños talleres. Para **consternación** de los trabajadores, las fábricas no necesitaban más sus habilidades. Los no calificados podían manejar las máquinas y realizar un trabajo repetitivo, aburrido, por mucho menos dinero.

Los niños eran muy deseados como fuente de mano de obra no calificada. Mantenían bajos los costos de producción debido a que trabajan por un salario menor al de los adultos. No cuestionaban la autoridad y los empleadores pensaban que no era probable que les causaran problemas.

Niños y sus madres trabajan desenvainando frijoles.

Niños y sus madres trabajan abriendo ostras.

Un gran número de personas pobres emigró a los Estados Unidos durante la época en que las fábricas necesitaban mano de obra no calificada. Los inmigrantes procedían de Alemania, Italia, Irlanda y otros países. Entre 1901 y 1910 más de ocho millones de personas vinieron a vivir a los Estados Unidos. Muchos de estos nuevos inmigrantes tenían poca educación y necesitaban desesperadamente dinero.

Muchos hijos de inmigrantes fueron enviados a trabajar a una edad temprana. Estaban dispuestos a trabajar duro para sobrevivir. En algunos lugares, para que los adultos pudieran obtener empleo, debían tener hijos que pudieran trabajar. Otros mentían sobre las edades de sus hijos para que pudieran figurar en la **nómina** de la fábrica.

Estas personas son inmigrantes italianos en la isla Ellis.

Se buscan niños trabajadores

A principios del siglo XX no todos los niños iban a trabajar. Los de familias acomodadas no necesitaban ganar dinero y jugaban en los parques, iban a nadar, comían alimentos saludables, disfrutaban helados durante el verano y se arrimaban al calor del fuego del carbón en el invierno.

Sus vidas eran muy diferentes de las de los niños pobres que trabajaban en la calle. Esos jóvenes trabajadores vendían periódicos a los padres de niños afortunados. Los niños trabajadores excavaban el carbón que calentaba sus casas o hacían las telas de sus ropas. Los niños pobres a menudo trabajaban diez a doce horas al día, seis días a la semana. Trabajaban hacinados, en fábricas mal iluminadas, en la oscuridad de las minas, en temperaturas heladas o al sol hasta ampollarse. A menudo trabajaban en actividades peligrosas y ambientes insalubres para ganar una semana de salario que les permitiera comprar para sus familias apenas una barra de pan. No podían asistir a la escuela porque estaban siempre trabajando.

Estos muchachos, llamados voceadores, se disponen a vender periódicos.

Muchos trabajaban para las llamadas empresas **maquiladoras**. En los talleres, los niños y niñas trabajaban largas horas, bajo condiciones peligrosas, en ambientes sucios y con bajos salarios. Los niños que trabajaban en las **textileras** fabricando telas, a menudo enfrentaban las peores condiciones.

El proceso textil comienza con la fabricación del hilo de algodón, lana o seda. Termina con el tejido que se fabrica con hilo. En las fábricas de algodón muchas niñas de tan sólo cinco años de edad eran contratadas como **hilanderas**. Niños menores de siete años eran contratados como **devanadores**.

Las hilanderas les quitaban las pelusas a las máquinas. Vigilaban las roturas en el hilo que se enrollaba en las **bobinas**. Cuando veían un hilo roto, tenían que arreglarlo rápidamente atando los extremos. Las hilanderas trabajaban generalmente once o doce horas por día, seis días a la semana, y estaban de pie casi todo ese tiempo. Los devanadores quitaban las bobinas llenas y las substituían por bobinas vacías. La mayoría de los devanadores trabajaban descalzos para poder subirse a las máquinas. Algunos se resbalaban perdiendo dedos de las manos o pies en el proceso. Otros encontraban la muerte si se caían dentro de las máquinas en movimiento.

Hilanderas (arriba) y devanadores (abajo) atienden sus máquinas.

Los niños ayudan a hacer flores artificiales

Otras empresas pagaban a las familias para que acabaran el trabajo en sus **inquilinatos**. Los inquilinatos eran edificios pequeños, donde había hacinamiento y apartamentos sucios donde vivían las familias de inmigrantes pobres. Algunas familias trabajaban de diez a doce horas diarias en condiciones de miseria, haciendo labores como coser botones de abrigos. Se trataba de un buen sistema para los empleadores, ya que a estos trabajadores se les podía pagar muy poco por su valiosa labor.

Algunas familias trabajaban haciendo flores artificiales. Una familia que hiciera 2,000 rosas en un día podía ganar un dólar con veinte centavos. Incluso ponían a trabajar a niños de tres años de edad haciendo flores de no-me-olvides. Los niños pequeños podían hacer 540 flores al día. Se les pagaba cinco centavos.

No importaba qué tan malo fuera el clima, voceadores, o jóvenes vendedores de periódicos —algunos con apenas cinco años— se levantaban a las cinco de la mañana y trabajaban hasta después de la medianoche. Muchos de estos niños morían. Algunos se congelaban hasta morir en sus carros de reparto. Otros crecieron enfermos por el frío o por pasar largas horas de pie.

Algunos niños y sus familias trabajaban en los campos cuando el clima era más cálido. Viajaban de una granja a otra, tratando de sobrevivir. Niños de tan sólo tres años trabajaban, en cualquier tipo de clima, y hacían una dura labor física. Recogían arándanos, algodón y remolacha. Muchos laboraban catorce horas al día hasta que la recolección se terminara.

Jóvenes obreros sacan pesadas cargas de bayas del campo.

Uno de los lugares más peligrosos donde los niños trabajaban eran las oscuras, húmedas y polvorientas minas de carbón. En la minería, un triturador es una máquina utilizada para romper rocas y carbón. Los más pequeños, a menudo de nueve o diez años, trabajaban fuera de las minas como **niños trituradores**. Se sentaban en las placas que colgaban en los socavones de carbón para trabajar. Se agachaban y sacaban cualquier pizarra o roca mezclada con carbón. Era un trabajo peligroso pues algunos podían estirarse demasiado, caerse y morir. Los niños se enfermaban por doblarse tanto y por respirar el polvo de carbón todo el día. Muchos tenían tos crónica, o constante.

Los niños trituradores hacían un trabajo agotador, pero también tenían algún poder. A veces, a fin de tener un poco de descanso, tiraban madera en la maquinaria de la minería, lo que provocaba que se parara para efectuar las reparaciones.

La vida era igual de difícil para los niños de más edad que trabajaban en las minas. Siempre existía el peligro de explosiones y derrumbes. Trabajaban nueve o diez horas, a mil doscientos pies o más por debajo de la superficie de la tierra, en absoluta oscuridad, excepto por sus pequeñas lámparas de aceite. Se les pagaba poco, algo así como ocho centavos de dólar la hora.

Jóvenes mineros posan para la fotografía.

Vientos de cambio

Al llegar el siglo XX más de dos millones de niños trabajaban en los Estados Unidos; no podían asistir a la escuela y sólo algunos sabían leer y escribir.

Sin embargo, las cosas estaban cambiando. En ese tiempo, el trabajo infantil se veía como un hecho de la vida, pero los reformadores comenzaron a llamar la atención sobre el problema. Lewis Hine dio un rostro humano al trabajo infantil con sus fotos de los niños trabajadores. Mother Jones, Clara Lemlich y otros reformadores organizaron marchas y huelgas para protestar contra el trabajo infantil.

En 1929, el mercado de valores colapsó. Como resultado de ello muchas personas perdieron sus empleos, sus ahorros y sus negocios. Este fue el comienzo de la Gran Depresión, un descenso de la actividad comercial en todo el mundo que duró desde 1929 hasta finales de la década de los años treinta. Poco a poco la gente empezó a cambiar de opinión sobre la bondad del trabajo infantil para los niños, para la industria o para la familia.

Mother Jones

Una familia de Missouri descansa al lado de una carretera después de perder su casa durante la Gran Depresión.

Durante la Gran Depresión aproximadamente una cuarta parte de la fuerza de trabajo estaba desempleada. La gente empezó a apoyarse en el gobierno para tratar de poner fin al sufrimiento. En 1938 el gobierno decidió que los niños menores de dieciséis años no podían trabajar durante el horario escolar. También decidió que las empresas no podían dar empleo a los niños en lugar de a los adultos. Estas decisiones se llamaron la "Ley de Estándares Justos de Trabajo".

La tecnología también estaba cambiando. Las fábricas necesitaban mano de obra calificada para ejecutar y mantener las máquinas. Muchos puestos de trabajo requerían más educación, y a esto respondían los estados con el aumento del número de años que los niños estaban obligados a permanecer en la escuela.

Con el fin de proteger a los niños, ciudadanos responsables se hicieron cargo de cambiar el trabajo infantil. Las acciones de estas personas, junto con los efectos de la Gran Depresión, trajeron reformas positivas.

1903

La sindicalista Mother Jones organiza una marcha de niños trabajadores del sector textil y adultos reformistas desde Filadelfia, Pennsylvania, hasta Long Island, Nueva York.

1904

El Comité Nacional de Trabajo Infantil se organiza para dar a conocer la verdad sobre el trabajo infantil.

1906

John Spargo escribe un libro que revela cómo los niños trabajadores del sector textil respiran el polvo de la piel de los animales mientras hacen los sombreros de fieltro.

1908

Elizabeth Beardsley Butler escribe informes sobre las condiciones de trabajo de las niñas, que laboran por aún menos paga que los niños.

El fotógrafo, Lewis Hine capta imágenes que impresionan a los ciudadanos y ayuda a transformar la opinión pública.

1909

Clara Lemlich, de veintitrés años de edad, trabajadora de prendas de vestir, organiza una huelga de más de veinte mil trabajadores de la confección.

1912

Florencia Kelley lucha para establecer el Departamento Infantil de los Estados Unidos, una entidad gubernamental cuyo objetivo sea mejorar las vidas de los niños en la sociedad.

1913

El Comité Nacional de Trabajo Infantil escribe la Declaración de la Dependencia.

1924

El Congreso pasa una enmienda a la Constitución para proteger a los niños menores de dieciocho años en el lugar de trabajo pero, como no gana la aprobación de tres cuartas partes de los estados, no se convierte en ley.

1929

La caída de la bolsa de valores marca el comienzo de la Gran Depresión.

1938

La Ley de Estándares Justos de Trabajo de 1938 ayuda a promover la reforma al trabajo infantil e impide que los niños realicen trabajos peligrosos.

La Declaración de Dependencia

Por los niños de los Estados Unidos de las minas, fábricas y talleres unidos

CONSIDERANDO que se ha declarado que nosotros, los niños de los Estados Unidos, hemos nacido libres e iguales, y

CONSIDERANDO que estamos en condiciones de servidumbre aún en esta tierra de la libertad, pues nos vemos obligados al trabajo duro, a lo largo del día o de la noche, sin control sobre las condiciones de trabajo en cuanto a salud o seguridad, horas o salarios, y sin derecho a los beneficios de nuestro servicio,

RESOLVEMOS, I. – Que la infancia está dotada de ciertos derechos inherentes e inalienables entre los que se encuentran ser libres de trabajo duro para obtener el pan de cada día; el derecho a jugar y soñar, el derecho a dormir normalmente cada noche, el derecho a la educación, para que podamos tener igualdad de oportunidades para el desarrollo de todo lo que hay en nuestra mente y en nuestro corazón.

RESOLVEMOS, II. – Que nos declaramos indefensos y dependientes; que somos y tenemos el derecho a ser dependientes y, por este medio, presentamos el recurso de nuestro desamparo para poder ser protegidos en el goce de los derechos de la infancia.

RESOLVEMOS, III – Que exigimos el restablecimiento de nuestros derechos por la abolición del trabajo infantil en los Estados Unidos.

Comité Nacional de Trabajo Infantil, 1913

El trabajo infantil hoy

Todos los cincuenta estados de los EE. UU. cuentan ahora con leyes laborales para los niños, que los protegen en su lugar de trabajo. La mayoría de los estados fijan un salario mínimo, estándares de seguridad, que incluyen una edad mínima exigida, y límites sobre el número de horas que los menores de dieciocho años pueden trabajar por semana.

Sin embargo, las leyes laborales han tenido poco efecto en los hijos de los trabajadores agrícolas migrantes, que pueden ser cientos de miles.

Esta noche, al lavar los platos o alimentar a tu gato, piensa en tu vida y en cómo habría sido de distinta si hubieras vivido cien años atrás. Además, piensa en las personas cuyo arduo trabajo para cambiar las prácticas y las leyes de trabajo infantil cambió la vida de muchos niños. ¿Qué puedes hacer tú para que el mundo sea mejor?

Esta trabajadora cumple con la regulación de su estado sobre la edad mínima para trabajar.

¡Inténtalo!

Punto de vista

Todas las personas en la historia han tenido un punto de vista. Al estudiar cualquier caso en la historia, pasada o presente, es importante identificar qué voces se escuchan y qué voces están en silencio. En esta actividad vas a crear la voz de una persona con un punto de vista sobre el trabajo infantil. Trabaja con tus compañeros que hayan elegido otros puntos de vista.

Trabajo infantil

¿Quién tiene un punto de vista sobre el trabajo infantil?

1. ***Punto de vista del niño.*** Piensa que trabajas en uno de los oficios mencionados en este libro. Redacta una entrada de diario que describa un día en tu vida. ¿Qué haces y ves? ¿Cómo te sientes? ¿En qué piensas mientras trabajas?

2. ***Punto de vista del empleador.*** Como propietario de una fábrica de algodón, dependes de mano de obra infantil. Tú firmemente crees que los niños aman el trabajo y se benefician de trabajar. Escribe un párrafo que cuestione a aquellos que desean la reforma de las leyes de trabajo infantil. Presenta tu caso en favor del trabajo de los niños.

3. ***Punto de vista de los padres.*** Es 1915. Incluso con todos trabajando apenas hay suficiente dinero para comprar alimentos. Tú quieres que tus hijos tengan una vida feliz como la de los niños que ves jugando en el parque. Sin embargo, necesitas desesperadamente el dinero que tus hijos puedan obtener, aunque es un trabajo peligroso que amenaza su salud y bienestar. Haz una gráfica que presente las ventajas y desventajas de enviar a tus hijos a trabajar.

4. ***Tu punto de vista.*** Lewis Hine capturó imágenes fotográficas sobre la terrible realidad del trabajo infantil y expresó así situaciones que las palabras por sí solas no pueden describir. Crea un cartel o dibujo que exprese tus ideas sobre los derechos del niño, tal como se expresa en la Declaración de Dependencia.

Glosario

bobinas *s.* cilindros o carretes para enhebrar hilo, lana, etc.

consternación *s.* desamparo; miedo a lo que está a punto de suceder o a lo que ha ocurrido.

devanadores *s.* trabajadores que retiran las bobinas llenas y las reemplazan con bobinas vacías.

hilanderas *s.* trabajadoras que retiran las pelusas y vigilan el hilo de las máquinas que se rompe en las fábricas de textiles.

inquilinatos *s.* edificios, especialmente en sectores pobres de la ciudad, divididos en habitaciones ocupadas, cada una, por una familia.

maquiladoras *s.* lugares donde los trabajadores están empleados con bajos salarios durante largas horas y generalmente en malas condiciones.

niños trituradores *s.* trabajadores que sacan la pizarra de los coches de carbón en las minas de carbón.

nómina *s.* lista de personas por pagar y la cantidad que cada uno va a recibir.

textileras *s.* fábricas que hacen el tejido.

trabajo infantil *s.* utilización de niños menores de cierta edad como trabajadores de las fábricas, empresas, etc.